AF359837

ORDONNANCE

DE

LOUIS XIV.

ROY DE FRANCE ET DE NAVARRE,

Sur le fait des Cinq Grosses Fermes.

Donnée à Versailles au mois de Février 1687.

Regiſtrée en la Cour des Aydes le huitiéme jour de Mars 1687.

A PARIS,

Chez FRANÇOIS MUGUET, premier Imprimeur du Roy, choiſi
par ordre de ſa Majeſté pour l'Impreſſion de ſes nouvelles
Ordonnances, ruë de la Harpe.

MDCLXXXVII.

Avec Privilege de ſa Majeſté.

ORDONNANCE

DE LOUIS XIV.

Sur le fait des Cinq Grosses Fermes.

OUIS par la grace de Dieu, Roi de France & de Navarre: A tous presens & à venir, SALUT. Nous avons par nos Ordonnances des mois de May & Juin mil six cent quatre-vingt, & Juillet mil six cent quatre-vingt-un, étably une Jurisprudence certaine pour la perception des droits qui composent nos Fermes generales des Gabelles, Aydes, Entrées, & autres y jointes ; en sorte qu'il restoit encore à regler les maximes concernant la perception des droits de Sortie & d'Entrée sur les Marchandises & Denrées ; à quoi nous avons fait travailler : Et aprés avoir fait examiner en nostre Conseil Royal des Finances, les anciennes Ordonnances, & les Usages établis par les Baux & par les Jugemens, Nous avons fait rediger les articles que nous voulons estre observez sur cette matiere. A CES CAUSES, de l'avis

A

de noſtre Conſeil, & de noſtre certaine ſcience, pleine puiſſance, & autorité Roiale, Nous avons dit, declaré & ordonné, diſons, declarons & ordonnons, voulons & nous plaiſt, ce qui enſuit.

TITRE PREMIER.

Des droits de Sortie & d'Entrée, & des droits d'acquits, de payement & à caution, & des Certificats de deſcente.

ARTICLE PREMIER.

NOs droits de ſortie & d'entrée ſeront payez ſuivant les Tarifs arreſtez en noſtre Conſeil, és années mil ſix cent ſoixante-quatre, & mil ſix cent ſoixante-ſept ; & Arreſt depuis intervenu ſur toutes les Marchandiſes qui y ſeront compriſes, nonobſtant tous Privileges autres que ceux qui y ſeront mentionnez, quand meſme elles ſeroient deſtinées pour noſtre uſage & ſervice, & ſans deduction de nos autres droits qui auront eſté payez dans nos Provinces reputées eſtrangeres ; à la reſerve des Drogueries & Eſpiceries, pour leſquelles les droits qui auront eſté payez, ſeront deduits.

II.

Il ne ſera fait auſſi aucune deduction des Caiſſes, tonneaux, ſerpillieres, & de ce qui ſert à l'emballage des Marchandiſes, dont les droits ſe payent au poids,

ſi ce n'eſt ſur les Marchandiſes d'or , d'argent, &
de ſoye, & ſur les Drogueries & Eſpiceries.

I I I.

Declarons nos Provinces de Normandie, Picardie,
Champagne, Bourgogne, Breſſe, Bourbonnois, Berry,
Poitou, & le païs d'Aunix, d'Anjou & le Maine ; en-
ſemble les Provinces qui y ſont enfermées, de l'étenduë de noſtre Ferme : & feront les autres Provinces
de noſtre Royaume reputées eſtrangeres en ce qui
concerne nos droits de ſortie & d'entrée, juſques à ce
qu'autrement par Nous il en ſoit ordonné.

I V.

Les Marchandiſes qui ſortiront de l'étenduë de la
Ferme pour y rentrer, ſoit par mer ou par terre, ne
feront ſujettes à aucuns droits de ſortie ou d'entrée ,
& les Marchands feront tenus ſeulement de prendre
des acquits à caution ; mais celles qui viendront des
païs eſtrangers , ou de nos Provinces reputées eſtrangeres, & qui paſſeront par les Provinces de l'étenduë
de la Ferme pour en ſortir, feront ſujettes, tant à nos
droits d'entrée , qu'à ceux de ſortie , ſans prejudice
neanmoins du privilege du *tranſit*, pendant le temps
que nous le permettrons.

V.

Toutefois nos droits de ſortie feront payez pour
les vins, & pour les eaux de vie qui ſortiront de nos
Provinces d'Anjou & du Maine, de Thoüars & de la
Chaſtellenie de Chantoceaux , & qui paſſeront par
noſtre Province de Bretagne, encore que la deſtination
en ſoit faite pour des lieux de l'étenduë de noſtre Ferme.

B

V I.

Les Marchandiſes qui ne ſeront point compriſes dans le Tarif, ſeront appreciées de gré à gré par le Fermier de nos droits, & les Marchands intereſſez ; & en cas de conteſtation, elle ſera reglée ſur le champ par l'un des Juges de nos droits de ſortie & d'entrée, ſuivant l'eſtimation qui en ſera faite par gens à ce connoiſſant, dont les parties conviendront, ſinon il en ſera par lui nommé d'office ; & nos droits ſeront payez à raiſon de cinq pour cent, de la valeur des denrées & Marchandiſes, à l'exception de celles de ſoye, or & argent, poil, fil & laine, & autres ſemblables des Manufactures eſtrangeres, dont les droits d'entrée ſeront payez à raiſon de dix pour cent de leur juſte valeur.

V I I.

Nos droits d'entrée & de ſortie ſeront payez pour les Marchandiſes qui ſeront déchargées des Vaiſſeaux qui aborderont dans nos Ports & Havres, & chargées en d'autres Vaiſſeaux, de bord à bord, pour eſtre portées hors l'étenduë de la Ferme.

V I I I.

Toutesfois il ne ſera payé aucuns droits pour les Marchandiſes déchargées des Vaiſſeaux qui auront eſté obligez de relâcher par fortune de vent, tempeſte, pourſuite d'ennemis, ou autres cas fortuits, pourveu qu'elles ſoient rechargées ſur les meſmes Vaiſſeaux dans trois jours, aprés la declaration des Maiſtres ou Capitaines des Vaiſſeaux ; & ſi elles ſont enlevées aprés les trois jours, elles ſeront ſujettes aux

droits d'entrée feulement, fi ce n'eft qu'ils ayent obtenu une prolongation de delay, qui leur fera accor-
dée pour quinzaine feulement.

IX.

Les Maiftres ou Capitaines des Vaiffeaux, feront
tenus de faire leur declaration dans les vingt-quatre
heures aprés leur arrivée, au plus prochain Bureau du
lieu où ils auront relâché, & de juftifier par leurs livres de bord, connoiffemens, ou charte parties, que
leurs Marchandifes eftoient deftinées pour d'autres
lieux, autrement le Fermier ne fera tenu d'y avoir
égard. Et en ce cas, les droits feront payez comme
pour les autres Marchandifes qui entrent dans l'éten-
düe de la Ferme.

X.

Les Marchandifes qui feront prifes en mer par nos
Vaiffeaux de guerre, ne feront fujettes à aucuns droits,
foit qu'elles foient declarées de bonne prife, ou que
main-levée en ait efté faite aux Proprietaires, pourveu qu'elles foient tranfportées hors le Royaume un
mois aprés leur arrivée, fans y avoir efté vendües,
mais elles feront fujettes à nos droits d'entrée, fi elles
font vendües dans le Royaume, & elles feront encore
fujettes à nos droits de fortie, fi elles font portées hors
le Royaume aprés avoir efté vendües.

X I.

Il fera payé cinq fols par les Marchands Voituriers
ou autres par chaque acquit de payement ou à caution, & cinq fols pour le certificat de defcente, fi les
droits fur les Marchandifes comprifes dans l'acquit
montent à trois livres.

XII.

Il fera payé feulement deux fols fix deniers fi les droits font au deffous de trois livres, pourveu qu'ils fe montent au moins à vingt fols, & s'ils font au deffous de vingt fols, il ne fera payé aucuns droits d'acquits ny de certificats; défendons aux Commis d'en recevoir aucuns, à peine de concuffion.

XIII.

Leur défendons pareillement fur la mefme peine, de faire renouveller les acquits à chaque Bureau, mais ils pourront feulement y mettre leur vû, fans que pour ce, ils puiffent prendre aucuns droits, ny pour les congez, paffe-avants, brevets de contrôlle, ou pour la décharge des acquits à caution, le tout fur pareille peine.

XIV.

Il fera pris feulement fix deniers pour le papier timbré de chaque acquit de payement ou à caution, & de chaque certificat de defcente, congez ou paffe-avants.

XV.

Il ne fera donné qu'un feul acquit de payement ou à caution, pour tout les balots & marchandifes appartenantes à un mefme Marchand, conduites par un mefme Voiturier par eau ou par terre, & adreffées auffi à un mefme Marchand; & en ce cas, il ne fera pris qu'un feul droit d'acquit, à peine de concuffion.

XVI.

Défendons au Fermier, à peine de trois cens livres d'amende, d'abandonner à fes Commis les droits d'acquits & de certificats de defcente; Voulons qu'ils en faffent mention fur les Regiftres de recepte feparément

rément, & fans les comprendre dans les autres droits, à peine de cent livres d'amende , & qu'ils en comptent aux Fermiers comme des autres fommes qu'ils auront reçûës.

TITRE DEUXIEME.

De l'entrée & fortie des Marchandifes , des declarations de la vifite & des acquits.

ARTICLE PREMIER.

NOs droits de fortie feront payez au premier & plus prochain Bureau du chargement des Marchandifes , & ceux d'entrée au premier & plus prochain Bureau de la route , & les Marchands & Voituriers feront tenus en arrivant aux lieux où les Bureaux font établis de les conduire directement au Bureau , le tout à peine de confifcation des Marchandifes , & de l'équipage qui aura fervi à les conduire, & de trois cens livres d'amende.

II.

La confifcation aura lieu , lors que les Marchandifes auront paffé au delà des Bureaux , ou qu'elles auront efté déchargées avant que d'y avoir efté conduites.

III.

Les Voituriers ou Conducteurs des Marchandifes feront tenus fur les peines portées par l'Article premier de faire leur declaration fur le Regiftre, ou d'en apporter une fignée des Marchands ou Propriétaires des Marchandifes, ou de leur Facteur qui demeurera au Bureau, & qui fera encore tranfcrite fur le Regiftre, & fignée par les Voituriers ou Conducteurs s'ils fçavent figner.

IV.

Les declarations contiendront la qualité, le poids, le nombre & la mefure des Marchandifes, le nom du Marchand ou du Facteur qui les envoye, de celuy à qui elles font adreffées, le lieu du chargement, & celuy de la deftination, & les marques & numeros des ballots feront mis en marge des declarations.

V.

Ceux qui feront aborder des Vaiffeaux, Bateaux ou Barques dans nos Ports de mer & autres lieux où nos Bureaux font établis, feront auffi tenus fur les mefmes peines de donner dans les vingt-quatre heures aprés leur arrivée, pareille declaration des Marchandifes de leur chargement, & de reprefenter leurs connoiffemens.

VI.

Les Voituriers ou Conducteurs des Marchandifes, foit par eau ou par terre qui n'auront pas en main leurs factures ou declarations à leur arrivée, feront tenus de faire leurs declarations fur le Regiftre du nombre de leurs ballots, & des marques & numeros qui y feront, à la charge de faire ou de rapporter dans quinzaine, fi c'eft par terre, & dans fix femaines, fi c'eft par mer une declaration des Marchandiſes en détail, & cependant ils laiſſeront leurs ballots dans le Bureau, & ce temps paſſé, ſans avoir fait ou rapporté une declaration en détail, les Marchandiſes ſeront confiſquées, & les Voituriers ou Conducteurs condamnez à trois cens livres d'amende.

VII.

Ceux qui auront donné ou fait leurs declarations n'y pourront plus augmenter ny diminuer ſous pretexte d'obmiſſion ou autrement, & la verité ou la fauſſeté de la declaration ſera jugée ſur ce qui aura eſté premierement declaré.

VIII.

Aprés les declarations faites & les connoiſſemens repreſentez, les Marchandiſes ſeront viſitées, peſées, meſurées, & nombrées, & enſuite nos droits payez.

IX.

Les Marchandiſes ne pourront eſtre déchargées des Bateaux & Vaiſſeaux ſans un congé par écrit du Fermier, & en ſa preſence, ſoit que la décharge ſoit faite à terre, ou de bord à bord.

X.

Ceux qui voudront enlever des Marchandiſes d'un lieu où il y aura Bureau, ſeront tenus ſur les peines portées par l'Article premier de les conduire au Bureau avant le chargement, & d'y apporter une declaration conforme à l'Article quatre, & aprés la viſite elles ſeront emballées & chargées en preſence du Fermier, & enſuite voiturées, ſans que les Marchands puiſſent les mener en leurs maiſons aprés qu'elles auront eſté chargées.

XI.

Défendons aux Maiſtres des Vaiſſeaux & Bateaux d'y recevoir aucunes Marchandiſes ſans un congé par écrit du Fermier, & de ſe mettre en mer, ou ſur les rivieres ſans avoir en main les acquits du payement de nos droits, ou à caution, à peine de confiſcation de leurs Marchandiſes, Vaiſſeaux & Bateaux, & de tout leur équipage, & de deux cens livres d'amende.

XII.

Les Marchands ou Voituriers ſeront interpellez d'eſtre preſens à la viſite des Marchandiſes, & en cas de refus il en ſera fait mention dans les procés verbaux de ſaiſie, à peine de nullité.

XIII.

Si la declaration ſe trouve fauſſe dans la qualité des Marchandiſes, elles ſeront confiſquées, & toutes celles de la meſme facture appartenantes à celuy qui aura fait la fauſſe declaration, meſme l'équipage s'il luy appartient, mais non la Marchandiſe ny l'équipage appartenant à d'autres Marchands, ſi ce n'eſt qu'ils euſſent contribué à la fraude, & ſi la declaration eſt fauſſe dans la quantité, la confiſcation ne ſera ordonnée que pour ce qui n'aura point eſté declaré.

XIV.

Nos droits ſeront payez comptant, & neanmoins en cas que le Fermier ait délivré ſon acquit de payement ſans les recevoir, il pourra décerner ſes contraintes ſur les extraits des Regiſtres contenant les declarations & ſoûmiſſions des Voituriers, & les contraintes ſeront executées contre les redevables comme pour nos propres deniers. XV.

XV.

Le Fermier délivrera son acquit sur le champ aprés le payement des droits, à peine de répondre des dommages & interefts des Marchands, pour raifon du retardement des Marchandifes.

XVI.

Il fera fait mention dans les acquits de la qualité des Marchandifes qui feront tranfportées, & de leur quantité, du dernier Bureau de leur route, foit à l'entrée ou à la fortie, & du temps qu'elles y pafferont, aprés lequel temps les acquits feront nuls, fi ce n'eft qu'il y ait eu quelque empefchement legitime qui fera juftifié par procés verbaux en bonne forme ; Défendons aux Voituriers de paffer par d'autres Bureaux que ceux qui feront marquez dans les acquits, à peine de confifcation des marchandifes, & de cent livres d'amende.

XVII.

Les Voituriers feront tenus fur les mefmes peines de conduire directement leurs Marchandifes à tous les Bureaux de leurs routes, & d'y reprefenter leurs acquits pour y faire mettre le vû, & ils les laifferont aux Commis du dernier Bureau, qui (aprés avoir vifité les Marchandifes) leur délivrera un Brevet de controlle fans frais, mefme ceux du papier timbré.

XVIII.

Ils feront auffi tenus de reprefenter fur leur route leurs acquits à la premiere requifition qui leur en fera faite par les Commis & Gardes qui pourront les retenir, & leur délivrer un Brevet de controlle auffi fans frais, fans toutefois que l'ouverture des ballots & la vifite en puiffe eftre faite ailleurs que dans les Bureaux.

XIX.

Le Fermier ne pourra faire vifiter les Marchandifes qui auront déja efté vifitées, fi ce n'eft au dernier Bureau de la route.

XX.

Il pourra toutefois les faire décharger en tout ou partie au Bureau de Quillebeuf pour y eftre vifitées, encore qu'elles ayent efté vifitées en d'autres Bureaux, ce qui fe fera à fes frais pour la décharge & recharge feulement, en cas qu'il n'y ait point de fraude.

XXI.

Il pourra auffi en cas de foupçon de fraude faire la vifite des Marchandifes dans les autres Bureaux de leur route, à la charge toutesfois des dommages & interefts des Marchands pour leur retardement, même des frais de la décharge & recharge, s'il n'y a point de fraude.

XXII.

Nos droits feront payez dans les Bureaux de conferve pour les Marchandifes du crû des environs, qui en fortiront ou qui y entreront pour l'ufage & confommation des Habitans, à l'égard defquelles feulement ils feront reputez Bureaux de recepte, & les Voituriers qui conduiront des Marchandifes deftinées pour paffer plus avant dans les Provinces de l'étenduë de la Ferme, feront tenus d'y faire leurs foumiffions, de payer nos droits au premier Bureau de

recepte qui fera trouvé fur la route, fur les peines
portées par l'article premier.

XXIII.

Défendons fur les peines portées par l'article premier, à tous Voituriers qui conduiront des Marchandifes dans l'étenduë de la Ferme, à quatre lieuës aux
environs des Bureaux, de paſſer par des chemins dé-
tournez & obliques, encore qu'ils ſoient porteurs
d'acquits, congez ou paſſe-avans.

XXIV.

Défendons pareillement aux Couriers de ſe char-
ger d'aucunes Marchandiſes, à peine de confiſcation,
& de cinquante livres d'amende, & pour verifier les
contraventions, voulons qu'à leur arrivée ils repre-
ſentent leurs valizes aux premiers Bureaux de leur
paſſage.

TITRE TROISIE'ME.

Des lieux deſtinez pour l'entrée des Drogueries, Eſpice-
ries, des chevaux, & des ouvrages de fil & de ſye,
venant des pays étrangers, ou des Provinces repu-
tées étrangeres.

ARTICLE PREMIER.

CEux qui apporteront des Drogueries, & Eſpiceries des pays étrangers dans l'étenduë de la
Ferme, les feront entrer par la Rochelle, Roüen,

& Calais, défendons de les faire entrer par d'autres lieux, à peine de confifcation, & de trois cens livres d'amende, fans prejudice neanmoins des autres lieux de nos Provinces reputées étrangeres, par lefquelles Nous en avons permis l'entrée, fçavoir Bordeaux, Lyon, & Marfeille.

I I.

Les Drogueries & Efpiceries qui feront entrées dans le Royaume par Bordeaux, Lyon, & Marfeille, pourront entrer dans l'étenduë de la Ferme par tous les Bureaux, en juftifiant que les droits ont efté payez aux lieux cy-deffus, & en payant le fupplément s'il en eft deub.

I I I.

Ceux qui ameneront des chevaux dans l'étenduë de la Ferme par la Province de Picardie, les feront entrer par Doulens, Peronne, Amiens, Abbeville, S. Quentin & Guife ; ceux qui en ameneront par la Champagne les feront entrer par Rocroy, Meziers, Torcy, fainte Menehoud, S. Dizier, & Langres ; & ceux qui en ameneront par la Bourgogne les feront entrer par Fontaine-Françoife, & S. Jean de Laune : Leur défendons de paffer par d'autres routes, aux peines portées par l'article premier.

I V.

Ceux qui apporteront des points & dentelles de fil du Comté de Bourgogne, feront tenus fur les mefmes peines, de paffer par Auzonne, & S. Jean de Laune ; d'Angleterre par Calais, Dieppe, & le Havre ; de Lorraine par Chaumont ; de Sedan par Torcy ; d'O-
rillac

rillac par Gannat, & d'y payer nos droits : Et ceux
qui en apporteront des Païs-bas, de passer par le Bureau
de Peronne, d'y faire leur declaration, & d'y prendre
des acquits à caution, aux termes des articles premier
& deuxiéme du sixiéme titre des presentes, pour les
conduire au Bureau de Paris, où nos droits seront
payez, aprés qu'elles auront esté visitées, & marquées
d'un plomb aux deux bouts de chaque piece, en pre-
sence des Marchands ausquels elles seront adressées.

V.

Ceux qui feront venir d'Angleterre des bas de soye,
camisolles, dentelles de soye, & autres ouvrages de
pareille qualité, feront tenus sur les mesmes peines de
passer par Calais, Dieppe, & le Havre.

TITRE QUATRIE'ME.

De la marque des Toilles & autres étoffes dans les Fron-
tieres des Provinces de l'étenduë de la Ferme.

ARTICLE PREMIER.

LEs toilles des Manufactures de Guise, S. Quentin, Ham, Peronne & autres lieux des Frontieres
de Picardie, seront marquées par le Fermier sur les
métiers aux deux bouts, d'une marque d'encre impri-
mée avec un fer; & il y sera mis à chacun des deux
bouts un plomb à nos armes, qui pourra en estre osté
lors du blanchissage par les Maistres des Bueries, &

aprés le blanchiſſage ils ſeront tenus d'y en faire mettre un nouveau avant que les rendre aux Marchands,
& de tenir regiſtre des toilles qui leur ſeront appor-
tées pour eſtre blanchies, qui contiendra le nom des
Ouvriers & des lieux où elles auront eſté fabriquées,
à peine de cent livres d'amende contre les Maiſtres des
Bueries : Défendons aux Marchands & Ouvriers de les
expoſer en vente, ſoit qu'elles ſoient blanchies ou
écrües avant qu'elles ayent eſté marquées, & ſans
avoir en main un certificat du lieu où elles auront eſté
façonnées, ſigné du Juge ou du Curé du lieu, à peine
de confiſcation, & de trois cent livres d'amende.

I I.

Les étoffes manufacturées dans les Frontieres des
Provinces de la Ferme, comme camelots, draps, ſerges
& autres ſemblables ſeront pareillement marquées ſur
les métiers aux deux bouts, d'un plomb à nos armes;
& ſi elles paſſent enſuite à la foulerie, le plomb en ſera
oſté ; & aprés qu'elles auront eſté foulées, il en ſera
mis un nouveau par les Maiſtres des Fouleries, qui
ſeront tenus d'avoir un Regiſtre, & les Marchands &
Voituriers des Certificats conformément à l'Article
precedent, & ſur les meſmes peines.

TITRE CINQUIE'ME.

Des Marchandiſes qui ſeront ſauvées du naufrage.

ARTICLE PREMIER.

LEs Marchandiſes qui auront eſté ſauvées du naufrage ne ſeront ſujettes à nos droits d'entrée ou de ſortie, ſi elles ſont reclamées par les Conducteurs ou Proprietaires, dans l'an & jour de la publication qui en ſera faite, à la charge neanmoins d'eſtre tranſportées hors le Royaume dans trois mois, du jour de la reclamation jugée, ſi ce n'eſt qu'il y euſt quelque empêchement legitime, ſinon (aprés les trois mois) elles ſeront ſujettes à nos droits.

II.

Ce qui aura eſté vendu comme ſujet à deperiſſement, ſera auſſi ſujet à nos droits, encore que le prix en ſoit reclamé dans le temps porté par ces Preſentes, & les adjudications ſeront faites, à la charge par l'Adjudicataire de payer nos droits.

III.

Nos droits d'entrée ſeront auſſi payez pour la troiſiéme partie des effets naufragez, qui ſera délivrée à ceux qui les auront ſauvez ſur les flots, ou tirez du fond de la Mer.

IV.

Les Articles de noſtre Ordonnance du mois d'Aouſt

mil fix cens quatre-vingt-un touchant la Marine, au titre des naufrages, bris, & échoüemens feront exe-cutez, & nos Officiers des Traittes ne pourront s'im-miffer au fait du fauvement des Marchandifes, mais feront feulement les demandes concernant nos droits portées devant eux.

V

Le Fermier de nos droits pourra toutefois fur les avis qui luy auront efté donnez, affifter, fi bon luy femble, aux inventaires & reconnoiffances des effets fauvez, mefme s'il le requiert, il luy en fera délivré copie à fes frais, par le Greffier de l'Amirauté.

VI.

Le Gardien des Marchandifes, foit le Seigneur du fief ou autres, fera tenu d'en faire la declaration au plus prochain Bureau, huit jours aprés qu'il les aura reçüës, au cas que le Fermier n'ait pas efté prefent aux inventaires ou reconnoiffances, à peine de demeu-rer refponfable de nos droits.

VII.

Il fera tenu fous pareilles peines de dénoncer au Fermier par acte fignifié à fon Bureau, la vente qui devra eftre faite des Marchandifes periffables, au cas des articles treize & quinze du mefme titre de noftre Ordonnance pour la Marine, & il luy fera donné affignation pour y affifter, avec un delay competant, fuivant la diftance des lieux.

VIII.

Ceux qui reclameront les Marchandifes, feront te-nus de le dénoncer au Fermier, & les jugemens qui
inter-

interviendront fur la reclamation, ne feront valables à fon égard, s'il n'y eft prefent ou deuëment appellé.

IX.

Aprés l'an & jour expiré, fans que les Marchandifes ayent efté reclamées, nos droits d'entrée feront payez par ceux qui les partageront, aux termes de l'article vingt-fix du mefme titre de noftre Ordonnance pour la Marine.

X.

Le Gardien ne pourra faire la délivrance des Marchandifes à ceux qui les auront reclamées, ou à ceux qui les partageront aprés l'an & jour, que le Fermier prefent ou deuëment appellé, à peine d'en payer les droits.

XI.

Les Seigneurs ou les habitans, qui feront condamnez à payer la valeur des Marchandifes qui auront efté pillées, feront auffi tenus du payement de nos droits.

TITRE SIXIE'ME.

Des Acquits à caution.

ARTICLE PREMIER.

LEs Marchands ou Voituriers qui feront fortir des Marchandifes de l'étenduë de la Ferme, pour y rentrer, foit par mer ou par terre, feront tenus d'apporter au Bureau, ou de faire une declaration conformément à l'article trois du Titre second, fur les mefmes peines.

II.

La declaration contiendra encore leur foumiffion de rapporter certificat en bonne forme, de la defcente des Marchandifes au lieu de leur deftination, ou de payer le quadruple de nos droits, dont ils donneront caution, qui fera pareille foumiffion fur le Regiftre, fi mieux ils n'aiment configner nos droits entre les mains du Fermier.

I I L

Le temps neceffaire pour rapporter le Certificat de defcente, fera reglé par l'acte de foumiffion, fuivant la diftance des lieux.

I V.

Les Marchandifes feront conduites au Bureau, vifitées, pefées, mefurées & nombrées, & enfuite les Acquits à caution délivrez aux Voituriers, qui feront tenus de les reprefenter au Bureau de leur paffage, le tout comme fi nos droits eftoient deubs, & le droit d'Acquit fera payé fuivant les articles onze & fuivant, du Titre premier des prefentes.

V.

Il fera fait mention dans les acquits, de la confignation des droits, ou de la foumiffion des Marchands, & de leurs cautions.

V I.

Les Marchands ou Voituriers feront tenus en arrivant au lieu de la deftination des Marchandifes, de

les conduire directement aux Bureaux, s'il y en a; &
le Fermier fera tenu de donner un Certificat de defcente aprés la vifite des Marchandifes, & la reprefentation des acquits.

VII.

Les Certificats de defcente feront mis au dos des
Acquits à caution, encore que le papier ait efté marqué
pour une autre Generalité, & ils feront fignez par les
Commis dans les lieux où il y en aura d'établis, &
par les Juges, Efchevins &.Syndics dans les lieux où
il n'y aura point de Commis.

VIII.

Il ne fera point délivré de Certificat fi la defcente des
Marchandifes a efté faite depuis le temps porté par
l'Acquit, à peine de nullité; & le Fermier en ce cas
pourra faire faifir les Marchandifes, & en pourfuivre
la confifcation.

IX.

Toutesfois les Marchands pourront juftifier par
procés verbaux en bonne forme, faits par les Juges
des lieux, ou en leur abfence par le premier Praticien,
Greffier, ou Notaire, qu'ils ont efté retardez par cas-
fortuit, comme fortune de mer, pourfuite d'ennemis,
& autres accidens, auquel cas il leur fera donné main-
levée de leurs Marchandifes, encore que la defcente
n'en ait pas efté faite dans le temps porté par l'acte
de foumiffion.

X.

Il ne fera ajoûté foi aux procés verbaux, s'ils n'ont
efté faits dans le temps du retardement, ou du moins

dans les vingt-quatre heures du jour qu'il fera cessé, à l'égard des Marchandises qui feront transportées par terre : Et à l'égard de celles qui feront transportées par mer dans les deux jours, depuis qu'elles feront arrivées au port, le Fermier present ou deuëment appellé, s'il y a un Bureau dans le lieu de l'abord des Marchandises.

X I.

Les droits consignez feront rendus aux Marchands, ou les foumiffions qu'eux ou leurs cautions auront faites déchargées fans frais fur le Régiftre, en rapportant le Certificat de defcente dans le temps porté par l'acte de foumiffion.

X I I.

Si le Certificat n'eft point rapporté, les droits feront acquis au Fermier, s'il ont efté consignez, finon le Fermier pourra decerner fes contraintes pour le fimple du droit fur l'extrait de fon Regiftre ; & en cas de conteftation, la confignation en fera ordonnée entre les mains du Fermier, fauf à lui à pourfuivre folidairement le Marchand & la Caution, pour ce qui reftera à payer du quadruple, le tout fans prejudice, (en cas que la fraude foit prouvée,) de la confifcation des Marchandifes contre les Marchands, fur laquelle le quadruple fera deduit, s'il a efté payé.

XIII.

Les Marchands & leurs cautions, feront déchargez du payement de nos droits, en cas qu'ils rapportent le Certificat de defcente avant le jugement, pourveu qu'il paroiffe par le Certificat, que la defcente des

Marchan-

Marchandiſes a eſté faite dans le temps porté par l'acte de ſoumiſſion, en payant neanmoins les frais faits par le Fermier, juſques au jour de la reprefentation du Certificat.

XIV.

Ils feront pareillement déchargez du payement de nos droits, au cas de l'article neuviéme, meſme les deniers par eux conſignez, ou payez en vertu des condamnations contr'eux jugées, leurs feront rendus; encore qu'ils n'ayent pas rapporté le Certificat dans le temps porté par l'acte de ſoumiſſion, en payant les frais faits, juſques à la reprefentation des procés verbaux.

XV.

Les Marchands Voituriers, Rouliers, Meſſagers, & tous autres qui ameneront des Marchandiſes du dedans de la Ferme, & qui les feront paſſer dans les quatre lieuës proche ſes limites, feront tenus ſous les peines portées par l'Article premier, de faire leurs declarations au Bureau du lieu d'où ils partiront, s'il y a Bureau, ſinon au premier Bureau de leur route, & d'y prendre des Acquits à caution, encore que les Marchandiſes ſoient deſtinées pour le dedans de la Ferme.

XVI.

Ceux qui enleveront des Marchandiſes dans les quatre lieuës, feront auſſi tenus ſous les meſmes peines, de faire leurs declarations au Bureau du lieu d'où ils partiront, s'il y a Bureau, ſinon au plus prochain Bureau, & d'y prendre pareillement des Acquits à

G

caution, foit que les Marchandifes foient deftinées pour les quatre lieuës, ou pour entrer plus avant dans la Ferme.

❦❦❦❦❦❦❦❦❦❦❦ ☞ ❦❦❦❦❦❦❦❦❦❦❦

TITRE SEPTIE'ME.

Des Inventaires du tranfport du vin dans les quatre lieuës proche les limites de la Ferme dans les Provinces d'Anjou, du Maine, & du bas Poitou.

ARTICLE PREMIER.

IL fera fait tous les ans un mois aprés les vendanges, un Inventaire du vin qui fe trouvera dans les quatre lieuës proche les limites de la Ferme, dans les Provinces d'Anjou, du Maine, & du bas Poitou, & à cet effet permettons au Fermier de faire fes vifites dans les caves & celliers, & de marquer les futailles & tonneaux pleins de vin en trois douves au moins avec une roüanne, ou un fer chaud à fon choix, & l'empreinte tant du fer que de la roüanne fera mife au Greffe des Juges des traites.

II.

Les formalitez prefcrites par noftre Ordonnance des Aydes du mois de Juin mil fix cens quatre-vingt pour la confection des Inventaires dans les Articles trois, quatre, cinq, fix, fept & neuf au Titre des Inventaires & recollemens du vin, feront auffi obfervées pour les Inventaires qui feront faits en vertu du prefent Reglement.

III.

Les Inventaires feront paraphez fans frais en chaque feüille par l'un de nos Juges des traites fur ce requis, au plus tard dans un mois aprés leur clofture;
& en cas de delay ou de refus par les Juges, les Commis pourront dans la quinzaine aprés le mois expiré
en fignifier au Greffier une copie fignée d'eux, qui
tiendra lieu de paraphe.

IV.

Il fera auffi fait Inventaire de l'eau de vie à mefure
qu'elle fera fabriquée, & à cet effet ceux qui feront
brûler du vin, feront tenus de faire leurs declarations
par écrit aux Commis des plus prochains Bureaux du
jour qu'ils mettront le feu à leurs chaudieres, & du
jour qu'ils l'ofteront, & de la quantité du vin qu'ils
pretendront brûler, à peine de cent livres d'amende,
& le Fermier pourra y envoyer des Commis ou Gardes pour tenir regiftre de la quantité d'eau de vie qui
en aura efté tirée, & marquer les futailles & tonneaux,
comme il eft porté en l'Article premier pour le vin.

V.

Les vins & eaux de vie qui viendront du dedans
de la Ferme, & qui feront portez par Acquit à caution dans la mefme étenduë des quatre lieuës, feront
auffi marquez & roüannez, & la marque fera faite
au Bureau, où les acquits & paffe-ports feront délivrez.

VI.

Les Marchands ou Proprietaires des vins & eaux
de vie qui auront efté marquez ou roüannez ne

pourront les tirer des caves ou celliers pour en faire le tranſport, qu'aprés en avoir fait declaration au plus prochain Bureau, à peine de confiſcation, & de cent livres d'amende.

V I I.

Les vins & eaux de vie ne pourront eſtre tranſportez hors de l'étenduë de la Ferme, que les tonneaux n'ayent eſté démarquez, à peine de confiſcation, & de cent livres d'amende, & il ſera fait mention de la dé-marque dans les Acquits.

V I I I.

Il ſera fait mention dans les Certificats de deſcente de la maiſon où le vin ou eaux de vie auront eſté dé-chargez, du nom de celui qui l'occupe, & de la ruë où elle eſt ſituée : Voulons au ſurplus que ce qui a eſté ordonné dans le Titre precedent touchant l'ex-pedition & décharge des Acquits à caution, & les cer-tificats de deſcente, ſoit obſervé pour le vin & l'eau de vie mentionnez au preſent Titre, qui ſeront tranſ-portez par Acquit à caution ou de prix.

I X.

Le Fermier fera ſes viſites ordinaires deux fois l'an dans les caves & celliers eſtant dans les quatre lieuës proche les limites de la Ferme; ſçavoir depuis le pre-mier jour de Mars, juſqu'au quinze Avril, & depuis le premier jour d'Aouſt, juſqu'au quinze Septem-bre ; & toutes perſonnes de quelque qualité qu'el-les ſoient, feront tenuës de faire ouverture de leurs caves, celliers, preſſoirs, & autres lieux ; ſinon en cas d'abſence ou de refus, l'ouverture en ſera
faite

faite pour la vifite comme pour la confection de l'inventaire.

X.

Les futailles & tonneaux qui auront efté marquez feront reprefentez aux vifites, ou les acquits de payement ou à caution, au cas qu'ils ayent efté tranfportez, & à faute par les Marchands ou Proprietaires de les reprefenter, ils feront condamnez au quadruple des droits de fortie.

X I.

Les tonneaux qui auront efté reprefentez vuides lors des vifites feront demarquez, & l'inventaire en fera déchargé, & s'ils font encore pleins, les Marchands en feront de nouveau chargez pour les reprefenter aux vifites fuivantes.

X I I.

Les Marchands & Proprietaires du vin, feront déchargez de la reprefentation des tonneaux, aprés que le temps de chaque vifite ordinaire fera expiré, fans qu'ils ayent efté requis de les reprefenter, pourveu que le Certificat de defcente ait efté rapporté dans le temps marqué par l'acte de depry, & avant le temps de la vifite.

X I I I.

Défendons aux Commis de prendre aucune chofe pour la marque ou roüanne, & pour la démarque, à peine de concuffion.

TITRE HUITIE'ME.

Des Marchandises de contrebande, & de celles dont la sortie ou l'entrée est défenduë.

ARTICLE PREMIER.

TOutes Marchandises de contrebande seront confisquées avec l'équipage qui aura servy à les conduire, mesmes les Marchandises qui seront ensemble aux termes de l'article treize du titre deux, & les Marchands & Voituriers seront condamnez à cinq cens livres d'amende, sans prejudice des peines afflictives portées par nos Ordonnances, suivant la qualité de la contravention.

II.

Aprés les frais faits pour parvenir à la confiscation, qui seront pris prealablement sur ce qui aura esté confisqué, nos droits seront payez pour le total de la Marchandise confisquée, & ensuite le tiers de ce qui restera sera donné aux dénonciateurs, & les deux autres tiers seront adjugez par tiers, sçavoir un tiers à Nous, & les deux autres tiers au Fermier.

III.

Nous declarons l'or & l'argent monnoyé, & non monnoyé, les pierreries, les munitions de guerre, les salpetres, & les chevaux, Marchandise de contrebande à la sortie du Royaume.

I V.

Si nous permettons l'entrée ou la sortie des Marchandiſes de contrebande, les droits appartiendront
au Fermier, & feront payez ſuivant le Tarif; & s'il y
a des condamnations d'amende, ou des confiſcations,
elles lui appartiendront ſans qu'il en ſoit comptable.

V.

Le Fermier ne ſera tenu d'avoir égard aux permiſ-
ſions qui auront eſté données pour faire entrer ou
ſortir des Marchandiſes de contrebande, ſi elles ne
ſont contre-ſignées de l'un de nos Secretaires d'Eſtat,
& viſées du Contrôlleur General de nos Finances.

V I.

Nous défendons la ſortie hors de noſtre Royaume,
des grains & legumes de toutes eſpeces, & des laines,
chanvres & lins du crû de noſtre Royaume, ſans nô-
tre permiſſion, à peine de confiſcation, & de cinq
cens livres d'amende.

V I I.

Nous défendons pareillement ſous les meſmes peines, l'entrée des glaces de miroir venans des païs
étrangers & des points de Veniſe.

V I I I.

Défendons à tous Gouverneurs ou Lieutenans Ge-
neraux de nos Provinces, & tous autres, de donner
aucuns paſſe-ports pour faire entrer ou ſortir des Marchandiſes mentionnnées aux articles precedens; voulons que ſans y avoir égard elles ſoient ſujettes aux
peines portées par l'article premier.

TITRE NEUVIE'ME.

Des magazins & entrepots.

ARTICLE PREMIER.

LE Fermier établira des magazins dans les Villes de la Rochelle, Ingrande, Roüen, le Havre de Grace, Dieppe, Calais, Abbeville, Amiens, Guife, Troyes , & S. Jean de Laune , pour y recevoir les Marchandifes deftinées pour les Païs étrangers , tant par nos fujets que par les étrangers ; & celles qui y feront entrepofées ne feront fujettes à aucuns droits d'entrée ou de fortie, pourvû qu'elles foient tranfportées hors le Royaume par les mefmes lieux par où elles y feront entrées, dans fix mois , autrement elles feront fujettes à nos droits d'entrée.

II.

Les magazins feront fermez à deux ferrures , de l'une defquelles le Fermier aura la clef, & le Deputé des Marchands aura la clef de l'autre.

III.

Les Marchands ou Voituriers qui voudront entrepofer des Marchandifes dans les lieux cy-deffus mentionnez, reprefenteront leurs lettres de voiture ou connoiffemens aux Bureaux , avec la declaration en détail de ce qui fera contenu dans leurs ballots & paquets , & le Fermier en fera la verification.

IV.

I V.

Aprés la verification faite, les ballots feront feellez
& plombez, & ils ne pourront eftre rechargez pour
eftre tranfportez aux lieux de leur deftination, qu'en
prefence du Fermier.

V.

Les Marchandifes ne pourront eftre entrepofées, à
moins que la deftination n'en foit faite par les lettres
de voiture & connoiffemens, & elles ne pourront eftre
venduës dans le Royaume, à peine de confifcation,
& de cinq cens livres d'amende.

V I.

Les Voituriers tant par eau que par terre, ne pourront fortir que par l'un des Bureaux cy-deffus decla-
rez, ny décharger leurs Marchandifes en aucuns lieux
de noftre Royaume, ny les vendre, quand mefme
le droit d'entrée en auroit efté payé aux termes de
l'article premier, le tout à peine de confifcation, &
de cinq cens livres d'amende.

V I I.

Défendons tous autres magazins ou entrepots dans
les quatre lieuës proche des Frontieres de la Ferme,
foit dans les Provinces de la Ferme, foit dans les Provinces reputées étrangeres, & auffi dans les huit lieuës
proche de noftre bonne Ville de Paris, à peine de confifcation, & de trois cens livres d'amende.

TITRE DIXIE'ME.

Du Bureau de Paris.

ARTICLE PREMIER.

LE s Marchands ou Voituriers qui ameneront des Marchandiſes dans noſtre bonne Ville de Paris, ſeront tenus de les conduire directement au Bureau de la Doüanne pour y eſtre viſitées, & d'y repreſenter leurs acquits, congez & paſſe-avants, à peine de confiſcation des Marchandiſes, & de l'équipage qui aura ſervi à les conduire.

II.

Les ballots ou caiſſes qui auront eſté plombez dans le Bureau, ne pourront eſtre viſitez qu'au dernier Bureau de la route, ſi ce n'eſt en cas de fraude, & aux termes de l'Article vingt-un du deuxiéme Titre.

III.

L'empreinte de la marque du plomb ſera miſe au Greffe de l'Election ; Défendons de la contrefaire à peine de faux.

TITRE ONZIE´ME.

Des Saiſies.

ARTICLE PREMIER.

LEs Marchandiſes qui ſeront ſaiſies dans les Bureaux, y ſeront dépoſées, & il en ſera fait deſcription par le procés verbal de ſaiſie , en preſence
des Marchands ou Voituriers ; & ſi ils ſont abſens,
en preſence de noſtre Procureur ſur les lieux, & le Re-
ceveur ou le Contrôlleur du Bureau ſera établi Gardien par le procés verbal.

II.

L'interpellation faite au Marchand ou Voiturier,
en parlant à ſa perſonne, d'eſtre preſens à la deſcription des marchandiſes , vaudra comme s'ils eſtoient
preſens.

III.

L'équipage ſaiſi ſera rendu au Marchand ou Voiturier, en donnant par luy caution ſolvable de le repreſenter en la juſte valeur en cas de confiſcation.

IV.

Si la ſaiſie eſt faite hors le Bureau dans une maiſon ou dans un magazin, les Marchandiſes ne ſeront
point tranſportées ſi le Marchand donne un Gardien
ſolvable ; il en ſera ſeulement fait deſcription en la
forme preſcrite par l'Article premier ; mais s'il ne

donne point de Gardien, elles feront tranfportées au Bureau.

V.

Si la faifie eft faite à la campagne, il en fera fait defcription en gros fans les déballer, & elles feront conduites au plus prochain Bureau, & s'il eft trop éloigné en la plus prochaine Ville, où il en fera fait defcription en détail.

VI.

Le procés verbal de faifie, fera figné par le Marchand ou Voiturier, s'il veut ou fçait figner, & en cas de refus, il en fera fait mention dans le procés verbal, & de l'interpellation qui luy en aura efté faite, & il luy fera laiffé copie du procés verbal, s'il eft prefent, finon il fera fait mention de fon abfence, le tout à peine de nullité.

VII.

Il fera donné affignation aux Marchands ou Voituriers par le procés verbal de faifie, à comparoir dans le jour, fi la faifie eft faite en lieu où il y ait un Juge, de nos droits, & fi la faifie eft faite à la campagne, l'affignation fera donnée au jour fuivant, & en cas que le Juge foit éloigné de plus de dix lieuës, le delay fera augmenté d'un jour pour dix lieuës.

VIII.

Le procés verbal fera affirmé véritable pardevant le Juge de nos droits, au plus tard dans le mefme delay de l'affignation, à peine de nullité, & l'acte d'affirmation fera mis au pied du procés verbal, & figné fans frais par l'Officier.

IX.

IX.

En cas de rebellion, il en fera dreffé procés verbal par les Commis ou Gardes, fur lequel le Juge de nos droits pourra proceder extraordinairement.

X.

Les Marchandifes qui ne pourront eftre gardées, fans perte confiderable, feront venduës au plus offrant & dernier encheriffeur, & les deniers confignez entre les mains du Fermier, fi mieux n'aiment les Marchands, donner bonne & fuffifante caution de la valeur des Marchandifes, ou en configner le prix entre les mains du Fermier, eftimation préalablement faite.

XI.

Les faifies feront jugées fur les procés verbaux des Commis & Gardes, fans autre preuve, pourveu qu'ils foient en la forme cy-deffus prefcrite, & fignées de deux Commis, ou de deux Gardes, ou d'un Commis, & d'un Garde.

XII.

Si la faifie a efté faite par un Commis feul, ou par un Garde, il fera procedé à l'interrogatoire des Voituriers, fur les faits contenus au procés verbal feulement, & en cas de dénegation des faits contenus au procés verbal, le Juge ordonnera qu'il en fera fait preuve refpectivement.

XIII.

Défendons à tous Juges de nos droits, de donner main-levée des faifies, foit fimples ou à caution, finon en jugeant diffinitivement, à peine de nullité des

jugemens, & des dommages & interefts du Fermier.
Défendons aux Procureurs de figner aucune Requefte
pour les obtenir, à peine de cent livres d'amende,
fi ce n'eft au cas de l'Article dixiéme du prefent Titre,
où en confignant le prix des Marchandifes.

XIV.

Défendons auffi à nos Cours de recevoir l'appel
des faifies, ny d'aucun autre acte, que des Sentences
ou Ordonnances renduës par les premiers Juges.

XV.

En cas d'appel interjetté par le Fermier de la main-
levée diffinitive, les premiers Juges pourront par provifion ordonner la reftitution des Marchandifes, en
donnant par le Marchand bonne & fuffifante caution.

XVI.

Les faifies faites dans les Provinces étrangeres ou
reputées étrangeres, feront jugées par le Juge, dans
les départemens duquel fera le Garde ou Commis
qui aura fait la faifie, fi la Marchandife n'eft point
ramenée dans l'étenduë de la Ferme, & fi elle y eft
ramenée, la faifie fera jugée par le Juge, dans le reffort duquel elle fera dépofée.

XVII.

Les Marchandifes faifies qui auront efté abandon-
nées par les Marchands & Voituriers, & qui ne feront point reclamées dans la huitaine, pourront eftre
confifquées, & venduës en prefence de noftre Procureur fur les lieux, huit jours aprés la confifcation
jugée, en faifant faire toutefois préalablement trois

proclamations par trois jours différents , tant à la
porte de l'auditoire du Juge, qu'à celle du Bureau ;
& en cas que dans la fuite la reftitution en fût ordonnée , le Fermier fera tenu feulement de rendre le prix
porté par le procés verbal de vente.

TITRE DOUZIEME

*De la Jurifdiction des Juges des droits de fortie &
d'entrée.*

Article Premier.

LA connoiffance de tous les differens civils &
criminels, concernant nos droits de fortie &
d'entrée, & de ceux qui naiftront en execution du
prefent Reglement, appartiendra en premiere inftance aux Maiftres des Ports, leurs Lieutenans, Juges
des traites & autres, aufquels Nous l'avons attribuée
par leurs Provifions ou Commiffions, chacun dans
l'étenduë du reffort qui luy aura efté marqué, & par
appel en nos Cours des Aydes. Défendons à tous autres Juges, mefme aux Officiers de nos Elections d'en
prendre connoiffance, à la referve toutefois de ceux
de l'Election de Paris, qui pourront en connoiftre en
premiere inftance dans l'étenduë de leur reffort.

II.

Les Juges par Nous pourveus, ou commis, connoî-
tront auffi des faifies faites dans les Provinces étran-

geres, ou reputées étrangeres, aux termes de l'Article seize du Titre des saisies.

III.

Ils connoiſtront auſſi des malverſations, & fraudes des Commis & Gardes, & des concuſſions, violences & autres excés par eux commis dans l'exercice de leurs Commiſſions, & ils pourront proceder contre eux extraordinairement, juſques à Sentence diffinitive incluſivement.

IV.

Leur défendons & aux Greffiers de leur Juſtice, de s'immiſſer en l'expedition des Acquits, Congez, ou Paſſe-avans, Reception ou décharge de ſoûmiſſions, & de prendre aucuns droits des Marchands ou Voituriers, ſous quelque pretexte que ce ſoit, à peine de concuſſion.

V.

Ils préteront le ſerment en nos Cours des Aydes, & en cas d'éloignement de plus de quarante lieuës pardevant l'un de nos Conſeillers qui ſera trouvé ſur les lieux ou pardevant un de nos Juges, qu'elles délegueront à cet effet.

VI.

Dans les jugemens où il écherra condamnation à peine afflictive, ils ſe feront aſſiſter au moins de trois Officiers ou Graduez.

VII.

Ils pourront en cas de ſoupçon de fraude ſur la requiſition du Fermier ou de ſon Commis, faire des viſites dans les maiſons des Marchands

ou

ou autres, mesme faire faire ouverture des portes.

VIII.

La fraude ne pourra estre pourfuivie extraordinairement, mais civilement par faifie ou par action, fi ce n'eft en cas de rebellion ou autre délit.

IX.

Tous les differens feront jugez fommairement & fans épices, aprés avoir oüy les parties par leurs bouches, fi elles font prefentes, & ils ne pourront eftre appointez à peine de nullité des jugemens, à la referve toutefois des procés criminels où il échet peine afflictive.

X.

L'appel des Ordonnances ou Sentences interlocutoires ne pourra empefcher l'inftruction & le jugement : Défendons à nos Cours de donner aucunes furféances ou défenfes de proceder; Declarons nulles toutes celles qui pourroient eftre ordonnées; Voulons fans y avoir égard qu'il foit paffé outre par les premiers Juges, jufqu'au jugement diffinitif inclufivement, & que les Procureurs qui auront figné les Requeftes foient condamnez en cent livres d'amende, qui ne pourra eftre remife ny moderée.

XI.

Défendons à tous Juges de nos droits, mefme à nos Cours, de donner aucune main-levée des effets confifquez, finon, en confignant entre les mains du Fermier leur jufte valeur au dire d'Experts.

XII.

Les Sentences qui ordonneront le payement de

nos droits feront executez par provifion, & nonobftant l'appel aux cautions baillées par le Fermier.

XIII.

Défendons à nos Cours de donner aucunes furféances ou défenfes de les executer, & dés-à-prefent
nous les declarons nulles.

XIV.

Les jugemens portant condamnation des drois feront executez par corps.

XV.

Le temps prefcrit par noftre Ordonnance du mois
de Juillet mil fix cens quatre vingt-un, au Titre commun pour toutes les Fermes pour relever l'appel des
Sentences qui condamnent au payement de nos
droits, fera auffi obfervé pour l'appel des jugemens
portant confifcation ou amende.

TITRE TREIZIE'ME.

Des Amendes & Confifcations.

ARTICLE PREMIER.

LEs Articles vingt-fix, vingt-huit, vingt-neuf,
trente, trente-un & quarante-trois de noftre
Ordonnance du mois de Juillet mil fix cent quatre-
vingt-un au Titre commun pour toutes les Fermes
concernant les amendes & confifcations feront ob-
fervez.

II.

Si les Marchandiſes confiſquées ne peuvent eſtré gardées ſans perte conſiderable, elles pourront eſtre venduës nonobſtant l'appel aux termes de l'Article dixiéme du Titre onziéme.

III.

Les confiſcations jugées par Sentences, confirmées par Arreſt contre des Marchands qui auront obtenu main-levée à caution en attendant le jugement diffinitif, feront executez par corps, tant contre eux que contre les cautions.

IV.

Défendons au Fermier de nos droits d'abandonner à ſes Commis les amendes & confiſcations qui pourront eſtre jugées à ſon profit pendant le cours de ſon Bail, ſoit en tout ou partie; declarons tous traitez faits pour raiſon de ce, nuls, meſme les procés verbaux faits par les Commis, auſquels le Fermier aura donné part dans les amendes & confiſcations, & neanmoins le tiers des confiſcations ſera donné aux dénonciateurs.

TITRE QUATORZIE'ME.

De la Police generale de la Ferme des droits de sortie
& d'entrée.

ARTICLE PREMIER.

LE Fermier pourra augmenter, diminuer, ou changer les Bureaux aprés en avoir obtenu permiſſion des Juges de nos droits, dans le reſſort deſquels le changement ou nouvel établiſſement ſera fait en le faiſant publier dans les Paroiſſes frontieres qui ſeront ſur la route, tant du Bureau nouvellement établi que de celuy qui aura eſté ſupprimé, & en mettant des affiches à l'entrée du lieu où le Bureau ſera eſtabli ou changé.

II.

Les Marchandiſes qui ne ſeront point ſujettes à confiſcation pour n'avoir pas eſté declarées au nouveau Bureau que trois mois aprés la publication, ſinon en cas de fraude.

III.

Le Fermier tiendra Regiſtre dans chaque Bureau des declarations, payemens des droits, ſoumiſſions des Marchands ou de leurs cautions, deſcente de Marchandiſes, & décharge des acquits à caution, à peine de répondre en ſon nom des dommages & intereſts des Marchands, & les ſommes ſeront écrites

ſans

ſans chiffre ny abreviations, ſauf aprés qu'elles auront
eſté écrites, à les tirer en chiffre hors ligne.

I V.

Dans les Bureaux où il y aura un Contrôlleur, il
y aura un Regiſtre du Contrôlle ſeparé de celui de
la Recepte.

V.

Les Regiſtres ſeront reliez, collez, les feüillets cot‑
tez par premier & dernier, & paraphez par le Dire‑
cteur general en chacun département.

V I.

Enjoignons au Fermier d'avoir en chaque Bureau
en un lieu apparent, un Tarif de nos droits, dont les
Marchands puiſſent prendre communication, à peine
d'amende arbitraire, dépens, dommages & intereſts
des parties.

V I I.

Ce que nous avons ordonné pour les poids & me‑
ſures des Marchandiſes, par l'Article quarante du
Titre commun pour toutes les Fermes, ſera obſervé
pour nos droits de ſortie & d'entrée, & les poids &
meſures ſeront reduites & évaluées aux poids & me‑
ſures de noſtre bonne Ville de Paris.

V I I I.

Le Fermier ne pourra ſe ſervir de Commis, Com‑
mandans & Gardes, qui ne ſçachent écrire, & qu'ils
ne ſoient âgez au moins de vingt ans; & ils ſeront
receus au ſerment par le Juge de nos droits, dans le
détroit duquel ils ſeront employez ſans information
de vie & mœurs, & ſans concluſions ny commiſſions

M

du Subſtitut de noſtre Procureur General ſur les lieux.

I X.

Les Commis à la Recepte ou Contrôlle, les Viſiteurs, Gardes & autres employez, qui ſeront envoyez dans le détroit d'un autre Juge, preſteront nouveau ſerment devant lui, ſi mieux ils n'aiment ſe faire recevoir en nos Cours des Aydes, auquel cas ils y ſeront receus en la forme preſcrite par l'article precedent ; & ils pourront exercer dans toutes les Juriſdictions de leur reſſort, en y faiſant ſeulement enregiſtrer le ſerment qu'ils auront preſté en nos Cours, ce qui ſera fait ſans frais.

X.

Permettons aux Commis & Gardes du Fermier, chacun dans le reſſort où il ſera employé, de faire telles viſites que bon leur ſemblera dans les Magazins, Boutiques, Hôtelleries & maiſons des Marchands, en ſe faiſant accompagner au moins d'un autre Commis ou Garde ; meſme en cas de refus, & aprés interpellations deuëment faites, ils pourront en vertu d'Ordonnance du Juge de nos droits, ou en ſon abſence du Juge du lieu, faire faire ouverture des portes par le premier Serrurier ſur ce requis, en preſence de deux voiſins qui ſigneront les procés verbaux, ou qui ſeront interpellez de les ſigner, dont il ſera fait mention.

X I.

Leur permettons pareillement (ſur les avis de fraude qui leur ſeront donnez) de faire des viſites dans les

maiſons de toutes autres perſonnes, de quelque qualité qu'elles ſoient, encore qu'elles ne faſſent aucun
commerce ; & en cas de refus faire faire ouverture
des portes, le tout neanmoins en ſe faiſant accompagner du Juge de nos droits, s'il y en a ſur les lieux,
ou à ſon defaut du Juge du lieu.

X I I.

Les Commis & Gardes pourront ſuivre, viſiter &
ſaiſir les Marchandiſes roulantes dans nos Provinces
reputées étrangeres, qui ſeront ſorties en fraude, &
les faire conduire au plus prochain Bureau de la Ferme,
ſi faire ſe peut ; ſinon en la plus prochaine Ville ou
Village, & la ſaiſie ſera jugée aux termes de l'Article
ſeize du Titre des ſaiſies.

XIII.

Ils pourront auſſi dans l'inſtant ſeulement de la
confection de leurs procés verbaux les dénoncer aux
parties, & en les dénonçant leur donner aſſignation,
& au ſurplus ils pourront ſe ſervir de tels Huiſſiers &
Sergens que bon leur ſemblera.

XIV.

Les Gardes joüiront des facultez, & exemptions
accordées par l'Article onziéme, du Titre commun
pour toutes les Fermes aux autres Commis & employez.

X V.

Ce que Nous avons ordonné pour la forme des
procés verbaux de ſaiſie, ſera executé pour tous les
autres procés verbaux des Commis & Gardes, ſous
les meſmes peines.

XVI.

Permettons au Fermier de tenir en Mer, & aux embouchures des Rivieres, des Vaiſſeaux, Pataches ou Chaloupes armées, à la charge toutesfois de mettre de ſix en ſix mois au Greffe de l'Amirauté de la Province, un Rôlle certifié de luy, ou de ſon Commis General en chaque département, des noms & ſurnoms de ceux qui y ſeront employez.

XVII.

Le Fermier ſera reſponſable civilement du fait de ſes Commis & Gardes, dans l'exercice de leurs Commiſſions ſeulement, ſauf ſon recours contre eux & leurs cautions.

XVIII.

Il ſera procedé extraordinairement contre les Commis & Gardes, qui ſeront d'intelligence avec les Marchands pour frauder nos droits, ou qui par fraude ne chargeront pas leurs Regiſtres des acquits par eux expediez, & des declarations faites par les Marchands, & ils ſeront condamnez à une amende, qui ne pourra eſtre moindre que du quadruple des droits fraudez, ſans prejudice des peines afflictives, qui pourront eſtre ordonnées ſuivant la qualité du delit.

XIX.

Les Marchands & Proprietaires des Marchandiſes, ſeront reſponſables civilement du fait de leurs Facteurs, Serviteurs & Voituriers, en ce qui concerne nos droits, les confiſcations, les amendes & les dépens.

XX.

Ce que Nous avons ordonné pour les Marchandiſe

ſes dans le preſent Reglement, ſera obſervé pour les denrées.

XXI.

Voulons au ſurplus que ce qui a eſté ordonné par noſtre Reglement du mois de Juillet mil ſix cens quatre-vingt-un au Titre commun pour toutes les Fermes ſoit executé en ce qui ne ſera contraire aux preſentes.

XXII.

Sɪ ᴅᴏɴɴᴏɴѕ ᴇɴ ᴍᴀɴᴅᴇᴍᴇɴᴛ à nos amez & feaux Conſeillers les Gens tenant noſtre Cours des Aydes de Paris, & aux Officiers de l'Election dudit lieu, & à tous autres qu'il appartiendra, que ces preſentes ils gardent, obſervent, & entretiennent, faſſent garder, obſerver & entretenir ſelon leur forme & teneur, & pour les rendre notoires à nos Sujets, les faſſent lire, publier & enregiſtrer; Cᴀʀ tel eſt noſtre plaiſir; & afin que ce ſoit choſe ferme & ſtable à toûjours, Nous y avons fait mettre noſtre ſeel. Dᴏɴɴᴇ́ à Verſailles au mois de Février, l'an de grace mil ſix cens quatre-vingt-ſept, & de noſtre regne le quarante-quatriéme. Signé, LOUIS; *Et plus bas*, Par le Roy, Cᴏʟʙᴇʀᴛ, & ſeellé du grand Seau de cire verte ſur lacs de ſoye rouge & verte, *& à côté*, *Viſa*, Bᴏᴜᴄʜᴇʀᴀᴛ, pour Lettres patentes en forme de Reglement & d'Ordonnance pour les Cinq groſſes Fermes. Veu au Conſeil, Lᴇ Pᴇʟʟᴇᴛɪᴇʀ.

Regiſtrées en la Cour des Aydes, oüy, ce requerant &

*conſentant le Procureur General du Roy, pour eſtre exe-
cutées ſelon leur forme & teneur, & ordonné que copies collationnées des preſentes Lettres en ſeront inceſſam-
ment envoyées à la diligence dudit Procureur General en
l'Election de cette Ville de Paris, & és Bureaux des
Juges des Traites, & Maiſtres des Ports du reſſort de
ladite Cour, pour y eſtre leuës, publiées, & regiſtrées,
l'Audience tenant ; Enjoint aux Subſtituts dudit Procureur General du Roy ſur les lieux d'y tenir la main, &
de certifier ladite Cour de leurs diligences au mois. A
Paris les Chambres aſſemblées le huitième jour de Mars
mil ſix cens quatre-vingt-ſept. Signé, DU MOLIN.*

PRIVILEGE DU ROY.

LOUIS par la grace de Dieu Roy de France & de Navarre, A nos Amez & Feaux les Gens tenans nos Cours de Parlement, Grand Conſeil, Baillifs, Seneſchaux, & tous autres nos Juſticiers & Officiers qu'il appartiendra, Salut. Nous avons envoyé à noſtre Cour des Aydes les Reglemens que Nous avons fait dreſſer pour la levée des droits de nos Fermes ; Et dautant qu'il importe de les rendre publics, afin que nos Juges ſoient inſtruits de la regle que nous voulons eſtre obſervée, & les redevables de nos droits qui ont eſté incertains par le défaut d'un Reglement general, tel que celuy que nous avons arreſté ; Que pour cet effet, il ſoit promptement imprimé & debité à un prix raiſonnable. Bien informez de l'intelligence de noſtre amé François Muguet, l'un de nos Imprimeurs ordinaires. A CES CAUSES, Nous l'avons choiſi & nommé, & par ces Preſentes ſignées de noſtre main, le choiſiſſons & nommons pour imprimer ſeul noſdites Ordonnances & Reglemens pour nos droits de Gabelles, Aydes, & Entrées, Cinq groſſes Fermes, & autres nos Fermes & droits d'icelles : Voulons qu'il les imprime ſeul, ſans que nos autres Imprimeurs ordinaires puiſſent pretendre avoir droit de les imprimer en vertu des Lettres que nous leur avons cy-devant accordées, auſquelles Nous avons

entant que befoin eft dérogé pour ce regard : Défendons à toutes per-
fonnes de quelque qualité & condition qu'elles foient, de les imprimer,
vendre ny debiter fous quelque caufe & pretexte que ce puiffe eftre,
pendant l'efpace de quinze années, à compter du jour de ces prefentes,
fans l'expreffe permiffion dudit Muguet, ou de celuy ou ceux qui auront droit de luy, nonobftant tous Privileges obtenus ou à obtenir, à
peine de dix mil livres d'amende, applicable un tiers à Nous, un tiers à
l'Hôpital General de Paris, & l'autre tiers audit Muguet, ou à celuy
ou ceux qui auront droit de luy, confifcation des Exemplaires contre-
faits, de tous dépens, dommages & interefts. Voulons auffi que fe-
lon qu'il eft accoûtumé d'eftre pratiqué il foit tenu de mettre deux
Exemplaires de chacun defdits Livres en noftre Bibliotheque publique,
un en celle du Cabinet de nos Livres en noftre Chafteau du Louvre, &
une en celle de noftre tres-cher & feal le Sieur le TELLIER Chevalier
Chancelier de France, avant que de les expofer en vente. Si VOUS
DONNONS EN MANDEMENT que ledit Muguet & celuy ou ceux
qui auront droit de luy, vous ayez à maintenir & garder en la pleine &
entiere joüiffance de la faculté à luy octroyée par ces prefentes, fans
fouffrir qu'il luy foit donné aucun trouble ou empefchement, fous
quelque caufe ou pretexte que ce foit : Voulons auffi qu'en mettant
au commencement ou à la fin defdits Livres copie des Prefentes ou un extrait d'icelles, elles foient tenuës pour deuëment fignifiées, & que foy
y foit ajoûtée, & aux copies collationnées, par l'un de nos Amez &
Feaux Confeillers & Secretaires comme à l'Original ; Et en cas de contravention, nous en refervons la connoiffance à Nous & à noftre Confeil, & l'interdifons à tous nos autres Officiers & Jufticiers. Mandons
au premier noftre Huiffier ou Sergent fur ce requis, de faire pour l'execution des Prefentes toutes Significations, Défenfes, Saifies, & autres
Actes de Juftice, requis & neceffaires en tous les Païs, Terres & Sei-
gneuries de noftre obeïffance, fans demander autre permiffion, nonobftant Clameur de Haro, Charte Normande, & autres chofes à ce con-
traires, aufquelles nous dérogeons entant que befoin eft : CAR tel eft
noftre plaifir. DONNE' à Calais le vingt-deuxiéme jour du mois de
Juillet, l'an de grace mil fix cens quatre-vingt, & de noftre Regne le
trente-huitiéme. Signé, LOUIS, *Et plus bas*, Par le Roy, COLBERT.
Et feellé.

Regiftré fur le Livre de la Communauté des Libraires & Imprimeurs
de Paris le 6. Aouft 1680. fuivant l'Arreft du Parlement du 8. Avril
1653. & celuy du Confeil Privé du Roy, du vingt-feptiéme Fevrier 1665.
figné C. ANGOT Syndic.

Achevé d'imprimer pour la premiere fois le 18. Mars 1687.

Les Exemplaires ont efté fournis.